새로운 시대의 총연맹, 좌파노총

새로운 시대의 총연맹, 좌파노총

허영구 지음

박종철출판사

차례

이 글에 대하여

1987년 여름부터 본격적으로 전개되어 민주노총이 출범하기까지의 한국 민주노조운동의 시대적 배경은 2012년 현재로는 과거의 것이다. 민주노총은 출범 당시의 정신을 지키지 못한 것은 물론이고, 신자유주의라는 변화된 시대를 대비하지 못했다. 새로운 운동과 새로운 노동조합총연맹이 필요하다. 이상이 이 작은 책자가 주장하는 바이다.

이 책자는 좌파노동자회 중앙위원회의 결정에 따라 전국의 회원들과 토론할 때 발표한 글을 일부 수정한 것이다. 토론 과정에서 필자의 생각이 분명해져 수정한 곳도 있고, 회원들의 의견이 반영된 곳도 있다. 당연한 일이지만, 글의 취지 전체에 모든 회원이 동의한 것은 아니었다. 이 책의 지은이가 한 개인인 것은 그런 이유이다. 원래의 글 끝머리에는 제7기 민주노총 임원 선거의 문제와 관련하여 간략한 의견이 제시되어 있었으나, 그 부분은 이 책자에서 제외하였다.

1. 파국적 위기에 직면한 신자유주의 · 금융자본주의 체제

2012년 정세의 핵심을 말하자면, 신자유주의와 금융자본주의의 파국적 위기 국면이라는 것이다. 케인스주의 수정자본주의로는 현재의 위기를 해결할 수 없다. 오늘날 신자유주의는 금융자본주의를 그 주요한 특징으로 한다. 금융자본의 성장은 극에 달해 있다. 하지만 그것은 거품이고 사상누각이다. 상업자본주의와 산업자본주의에서 경험하지 못한 구조적 위기가 증폭되고 있다. 주택시장과 주식시장의 붕괴, 가계부채와 정부부채의 증가, 실업 증가와 소비 감소 등에서 알 수 있듯이, 금융자본주의의 거품이 무너져 내리고 있다.

금융의 세계화

달러는 제2차세계대전 직후 브레턴우즈협정에 따라 전 지구적 자본주의 체제의 기축통화였다. 그러나 미국은 1970년대 초부터 군사적 제국주의를 배경으로 달러를 무제한 증발했다. 전후 체제는 금융통화주의 체제로 전환했고 금융통화 전쟁이 격화됐다. 미국 총 통화량의 3%만이 실물이고

97%는 컴퓨터 거래상에만 존재한다. 정보화가 통화 증발을 촉진한다. 오늘날 금융자본주의는 통화량을 국가가 제어할 수 없는 무정부주의 시대다. 미국 지폐는 시중은행장으로 구성된 연방준비제도이사회가 발행해 미국 정부에 빌려준다. 금융의 공공성이 존재할 수 없는 것은 이런 이유다. 금융자본의 이해만 관철될 뿐이다.

현재 세계 금융거래의 98%가 금융자본의 투기거래다. 금리, 환율, 주가 등 경제 여건에 민감한 요소들의 장래의 변동을 예상하여 예금, 외환, 주식 등을 거래하는 투기적 상품을 파생금융상품이라 한다. 2007년 기준으로 전 세계 파생금융상품은 700조 달러에 육박했다. 현재 국내총생산 규모가 유럽연합 16조 달러, 미국 15조 달러, 중국 7조 달러, 일본 6조 달러, 한국 1조 달러임을 상기해 보면, 금융 거품의 규모를 알 수 있다. 유럽 금융 위기의 해결 기미가 보이지 않자 유럽연합 대표들은 일시적 조치를 넘어 금융거래세 도입을 거론하고 있다. 그러나 2008년 미국 금융 위기 이후 급조된 G20 정상 회의에서 거론되었던 금융거래세는 아직도 구체적인 실시 계획이 나오지 않고 있다. 금융거래세뿐만 아니라 금융자본보유세도 도입해야 할 상황이다. 금융 공공성을 최고의 가치로 삼아야 할 은행들도 파생금융상품을 팔아 돈을 벌고 있다.

금융의 세계화로 노동계급에 대한 자본의 착취와 금융수
탈이 가속화됐다. 금융의 세계화는 금융자본의 노동 착취와
수탈의 세계화이며 노동계급에 대한 전면적 공격이다. 지금
금융을 둘러싼 금융자본 사이의 전쟁, 노동과 자본 사이의
전쟁은 가히 제3차세계대전이라 부를 만하다.

진행 중인 금융위기

2008년 미국 발 금융경제 위기는 끝난 게 아니다. 유령처
럼 전 세계를 배회하고 있다. 어디서 분출할 지 예측할 수 없
다. 후쿠시마 원전처럼 예상하지 않은 곳에서 사고가 터질
수 있다. 미국 발 금융 위기의 바통을 이어받은 곳이 유럽이
다. 유럽 각국은 경제 위기와 구제 금융, 긴축과 성장을 둘러
싸고 대혼란에 빠져 있다. 유럽은 금융자본의 발생지다. 지
금 그곳에서 금융 위기가 표출되고 있다. 피그스(PIIGS)라 불
리는 포르투갈, 이탈리아, 아일랜드, 그리스, 스페인 등에서
부채로 인한 위기로 표현되는 것은 현상일 뿐이다. 유럽연합
에서 벌어지는 금융자본주의의 위기란 피부가 약한 국가들
을 뚫고 나온 것일 뿐이다. 채권국으로 포장되어 있는 독일
과 프랑스 역시 금융 위기를 불러온 주체들이다. 이들 채권
국은, 1997년 IMF 위기 당시 한국의 김대중 정부가 금융자

본의 대리인인 IMF의 긴축프로그램을 전적으로 수용했듯이 긴축을 수용할 것을 채무국에게 강요했다. 당시 한국 국민들은 자신이 가지고 있던 금붙이를 내놓으며 허리띠를 졸라맸고 노동자들은 정리해고와 임금 삭감을 감내했다. 금융경제 위기를 노동자계급에게 전가한 것이다.

금융자본은 채무국의 노동자와 민중들에게 임금과 복지의 축소를 강요했다. 그러나 고용 불안과 높은 실업에 시달리는 이들에게 긴축정책은 곧 죽음을 의미한다. 그리스와 스페인을 비롯한 유럽 노동자들은 더 이상 금융자본의 거짓 논리에 속지 않고 저항하고 있다. 급기야 유럽연합 빅4(독일, 프랑스, 이탈리아, 스페인)은 유럽연합 국내총생산 액수인 13조 유로(16조 달러)의 1%인 1,300억 유로를 성장 재원으로 내놓기로 합의했다. 그러나 이는 밑 빠진 독에 물 붓기다. 이는 위기의 땜질 처방이고 폭탄 돌리기다. 자본주의 체제는 효율과 경쟁의 논리로 성장하지 않으면 붕괴하는 체제다. 계속 달리지 않으면 넘어질 수밖에 없는 자전거다. 자전거 자체를 바꿔야 한다. 그러나 브레이크 없는 질주를 누가 멈출 수 있을 지 알 수 없다. 오히려 모두 호랑이 등에 올라탄 것처럼 자본주의 기관차에 타고 있다.

한국의 개방화 과정

한국은 1992년부터 금융시장을 개방했다. 외국인이 국내 주식을 보유할 수 있는 제도를 마련한 지 20년이 지난 것이다. 외국의 자본이 국내 주식시장에 투자할 수 있는 길을 열면서 한국 경제의 변화가 시작됐다. 1993년 김영삼 정권은 세계화와 신경제를 선언했다. 신경제5개년계획은 군사독재 정권의 경제개발5개년계획의 세계화 버전이었다. 그 결과로 외환 위기와 한국 경제의 IMF 통치 체제가 초래되었다.

김대중 정권은 경제 위기 극복을 이유로 신자유주의 정책을 폈다. 민영화라는 이름으로 공기업과 기간산업을 해외 금융투기자본에 매각했다. 이는 사기업화이며, 다국적기업과 초국적 금융투기자본에 나라 경제를 내맡기는 일이었다. 신자유주의가 한국 경제를 지배하기 시작했다. 정부는 그저 신자유주의 금융투기자본의 대리인이자 자본의 이윤을 극대화하기 위한 집행기관이었다.

김대중 정권을 이어받은 노무현 정권은 '동북아 금융허브 국가'의 건설을 내세우며 국책은행을 해외 투기자본에 매각하는 등 더 적극적으로 신자유주의 정책을 폈다. 자본시장통합법 제정으로 금융시장 개방과 자유화 조치를 통해 금융투기자본의 자유로운 활동을 보장했다. 지금의 주식시장은 투자의 장이 아니라 금융투기자본의 사냥터다. 이제는 노동자들도 임금의 일부로 지급받은 주식이 계기가 되어 주식 투자에 몰두하고 있고, 불안한 고용과 노후의 문제를 해결해야 할 절박성 때문에 펀드나 파생금융상품 등 무모한 카지노 자본주의 도박판에 발을 담그고 있다. 외환은행을 불법적으로 인수한 뒤 4조7천억 원의 이윤을 챙긴 투기자본 론스타의 '먹튀' 행각은 신자유주의 정권의 자본 편향적인 정책의 당연한 결과였다. 한미 FTA를 비롯한 전방위적인 FTA 추진은 신자유주의 정책의 대미를 장식했다. 노무현 정권이 체결한 것은 '착한 FTA'이고 이명박 정권이 비준한 것은 '나쁜 FTA'라는 해프닝이 벌어지기도 했다. 지난 4 · 11 총선에서 민주당과 통합진보당이 '반MB · 새누리당 심판'의 주요 내용으로 한미 FTA 비준에 찬성한 국회의원에 대한 낙선 운동을 전개했으나, 그나마 성과가 없었다. 신자유주의 정치세력들의 천박한 수준을 드러낸 것이다. 노무현 정권은 제국주의와의 군사동맹 강화와 해외파병도 추진했다. 제국주의와 신자유주의는 금융자본의 이익을 위한 쌍생아이자 자본주의 체제 위기를 극복하려는 부르주아 지배 세력의 전 세계 노동계급에 대한 공격이었다. 이명박 정권 역시 신자유주의 정책의 전도사 역할을 톡톡히 하고 있다.

　　금융자본의 세계화에 편입된 한국

　　한국이 파생금융상품 거래의 중심지가 되고 있다. 2011년 한국거래소의 파생금융상품 거래 규모는 연간 3경 원에 달한다. 정부 예산의 100배에 달하는 수치다. 이는 전 세계 거래량의 27%에 달하며, 3년째 거래량 기준으로 세계 1위다.

　　한국은 2011년 말 무역 규모 1조 달러(세계 9위)를 달성했다. 그러나 흑자는 300억 달러뿐이고, 한국에 투자한 외국의 투기자본이 배당금을 본국으로 송금한 것을 제외하면 흑자는 더 줄어든다. 2012년 1월 무역은 20억 달러 적자로 시작했다. FTA 실시로 관세가 철폐되고 무역이 늘어나 경제가 성장하며 국내 소비자가 값싼 제품을 구입할 수 있다고 했지만 현실은 다르다. 한EU FTA 실시 이후 유럽과의 무역량은 오히려 줄어들고 있다. 물론 정부는 유럽 금융 위기 상황을 핑계로 댈 것이다. 따라서 FTA로 인한 무역량 증가와 일자리 창출이라는 주장은 장밋빛 전망에 불과했다. FTA 실시로도 수입품의 가격이 떨어지지 않자 정부는 국내 유통 체계 때문이라고 변명했다. 이명박 정권의 '747공약'이 초반부터 무너졌을 때 대외 경제 여건 변화를 핑계로 댄 것처럼 말이다.

　　한국 경제는 미국과 유럽의 경제 상황에 따라 주식, 채권, 외환 등이 민감하게 반응한다. 1998년 IMF 외환 위기 때와 같은 위험이 상존하고 있다. 고환율과 고물가는 경제협력개발기구(OECD) 회원국 가운데 4위다. 무역 확대가 노동자와 민중의 삶의 질을 개선하지 못한다. 상품을 많이 생산하고 생산한 상품을 더 많이 사고판다고 해서 인간의 삶이 더 나아지지는 않는다. 물질적 풍요가 인간의 행복과 비례하지 않는다는 지적은 오래전부터 있었다. 오늘날 자본주의는 최소한의 필요를 위해서는 풍요로운 세상이지만 자본가들의 배를 채우기 위해서는 궁핍한 세상이다. 그래서 그들은 "나는 아직도 배가 고프다!"라고 외치고 있다. 지구의 한 곳에서는 생존조차 어려운 제3세계 민중이 고통스런 나날을 살아가고 있다. 경제적으로 발전한 나라라고 하더라도 계급과 계층 사이의 차이로 빈곤은 확대되고 있다. 자유무역이 확대되고 무역량이 늘어나고 있지만 양극화와 빈부 격차는 확대되고 있다.

다국적기업의 내부 거래일 뿐인 세계화

오늘날 자본주의의 특징을 기업의 측면에서 보자면, '세계주식회사'라 불리는 다국적기업을 빼놓을 수 없다. 기업(매출엑 기준)과 국가(국내총생산 기준)를 막론하고 세계 100대 경제주체 중 51개가 다국적기업이다. 석유회사인 엑슨모빌의 경우, 가난한 나라 120개국의 국내총생산과 맞먹는 매출

액을 자랑한다. 이런 상황에서 공정무역을 말한다는 것은 난센스다. 세계 6대 다국적기업 각각의 연간 매출액을 능가하는 국내총생산 규모를 가진 나라는 21개국뿐이다. 전 세계 자산의 20%를 100대 다국적기업이 소유하고 있다. 이런 공룡과 같은 다국적기업들이 서로 경쟁한다. 지난 30년간 상위 20대 다국적기업 중 6개만 살아남았다. 그야말로 약육강식의 세계다.

오늘날 무역 거래는 포장만 국가 간 무역일 뿐 내용적으로는 상당수가 다국적기업 간 내부 거래다. 다국적기업은 전 세계에 생산 기지를 두고 생산하고 판매한다. 예를 들어 미국의 자동차 회사 GM이 한국에서 부품을 만들어 미국으로 보내 완성차를 만들어 이를 한국에 수출한다고 가정해 보자. 한국은 부품을 미국에 수출(미국은 수입)하고 미국은 자동차를 한국에 수출(한국은 수입)할 경우 형식적으로 양국의 무역 규모는 늘어난다. 그러나 내용적으로는 다국적기업 GM의 기업 간 거래일 뿐이다. 다국적기업 GM은 신자유주의적인 자본주의 질서 속에서 한국과 미국의 노동자들을 상대로 구조조정을 행하고 이들의 임금을 삭감하면서 이윤을 올린다. 한국의 삼성전자가 2분기 영업이익으로 6조7천억 원을 기록했는데, 국내 소비자들에게는 비싸게 팔고 해외에는 싸게 수출했다고 한다. 삼성전자는 다국적기업일 뿐이다. 반도체

공장에서 백혈병으로 죽어 나가는 노동자들을 착취하고 소
비자를 수탈해 이윤을 극대화하고 있다. 지금 각국 정부들은
무역의 공정이나 불공정의 문제는 따지지 않은 채 그저 거래
확대를 통한 성장이라는 논리에 빠져 있다. 노동자 탄압과
착취, 가난한 나라에 대한 수탈, 환경 파괴, 빈부 격차 확대
에 대해서는 전혀 말하지 않는다.

부채

한국의 가계부채는 현재 1106조 원(약 1조 달러)이다. 연간
이자만 60조 원이 넘는다. 2012년 정부의 복지 예산이 92.6
조 원이라고 하니, 가계부채 이자보다 조금 많을 뿐인 액수
다. 지금의 과제는 복지가 아니라 금융자본주의 체제를 근본
적으로 혁파하는 일이다. 부동산, 교육, 의료 등에서 과도한
부채가 발생한다. 빚을 내서 빚을 갚으면서 악성 부채가 늘
이나고 있다. 2011년 3분기 가처분소득 대비 부채의 비율은
154.9%여서, PIIGS라 불리는 유럽 5개국 가운데 아일랜드를
제외한 4개국보다 높았다.

정부부채노 1250조 원에 달한다. 역대 정권은 정부부채
통계를 속여 왔다. 더 이상 감출 수 없는 지경에 이르렀다.

주택 보급률은 110%이나 자가 보유율은 60%다. 그나마

서울은 51%에 불과하다. 도시의 전세와 월세난이 심각하다. 교육비가 폭등하고 있다. 대학 등록금 연간 1천만 원 시대다. 지방 출신 학생들이 도시에 있는 사립대학에 진학하면 4년간 1억 원이 든다. 취업을 위한 스펙 쌓기에 드는 비용도 4천만 원을 상회한다. 등록금 대출이 늘어나고, 취업도 하기 전에 신용불량자가 된다. 대출로 고통 받다 자살하는 학생들도 있다. 취업이라야 대부분 알바를 포함한 비정규직이다. 청년실업은 이제 전 세계적으로 일반적인 현상이 되었다. 청년실업의 세계화다. 청년실업이 늘어나면서 청년들의 3포(연애, 결혼, 출산의 포기)시대가 일반화되었고 1인 가구도 늘어났다. 서울에는 4인 가구보다 1인 가구가 더 많다. 자살, 노령화, 범죄, 질병, 빈부 격차, 양극화가 확대되고 있다. 경제협력개발기구 회원국 중 한국은 중대 질병 사망률과 자살률에서 세계 1위다.

고용

2012년 5월 정부가 발표한 고용 동향을 보면, 총 취업자 2,500만 명, 취업률 60% 수준이다. 임금노동자는 1,700만 명이다. 정부는 실업률을 3%(청년실업률 8%)로 발표하고 있으나, 구직 활동을 포기한 실망실업자 등을 감안하면 실제 실업률은 10%를 상회한다. 주당 1시간 이상만 일해도 취업자로 분류하는 방식의 정부 통계에는 실업자가 제대로 반영되지 않는다. 정부의 통계는 정책이고, 정책은 예산을 필요로 한다. 따라서 정부가 실업통계를 축소하여 발표하는 것은 실업과 관련된 정책과 예산을 포기하는 것이다. 부자들에게 세금을 깎아주는 정책은 말할 필요도 없지만 선거용으로 복지를 외치는 신자유주의 정당들의 실업 정책 역시 별반 차이가 없다. 프랑스 대통령 올란드의 선거공약처럼 연 15억 원 이상의 소득자에게 75%의 세금을 부과하는 정도의 적극적인 조세 정책 없이 실업 정책을 말하는 것은 허구다.

현재 취업의 특징을 보면 50대 이상에서 취업이 늘어나고 20~30대에서 취업이 줄어들고 있다. 청년실업이 늘어나고 있다. 청년에게 양질의 일자리가 만들어지지 않고 있고, 사회복지가 취약하고, 노후 대책이 없는 노령 층에서 저임금 불안정노동자가 증가하고 있다.

고용의 이중 구조

성부는 전체 노동자에서 비정규직이 차지하는 비율을 38%이라 하고 그 수가 600만 명이라고 한다. 1년 이상의 계약직노동자를 '상용직'이라 하여 정규직으로 분류하기 때문이다. 정부의 경제활동인구 부가 조사 자료를 재분석하면 비정규직은 850만 명, 전체의 50%정도다. 그러나 특수고용직 노동자와 누락된 실업자를 총 노동자수에 포함해 분석한다면, 비정규직은 1, 000만 명, 그 비율은 60%가 넘을 것으로 추정된다.

대기업과 중소기업의 격차도 벌어지고 있다. 소기업(10~29명) 노동자의 평균임금은 1993년부터 2010년까지 185% 증가한 데 반해, 500명 이상 대기업 노동자의 경우에는 같은 기간에 256% 증가했다. 5명 이상 사업장 전체의 상용직노동자는 2003년에서 2010년 사이 154만 명 증가한 반면, 500명 이상인 대기업의 상용직노동자는 오히려 1만 명 줄어들었다. 이명박 정권 초기에 재벌 집단인 전국경제인연합회은 정부의 허구적인 일자리 정책에 발맞추는 흉내를 내면서 8년간 300만 명을 고용하겠다고 발표하기도 했다. 하지만 그 후 대책 회의 한 번 열지 않았다. 전체 노동자 중 상위 10%의 2010년 1인당 평균 연간 노동소득은 전년도보다 453만 원(5.3%) 증가한 8,965만 원을 기록한 반면, 평균 연봉이 1,200만 원 미만인 저임금 근로자의 노동소득은 23만 원(4.0%) 감소했다. 남성 노동자 대비 여성 노동자의 상태를 보면, 임금은 62%이고, 비정규직 비율은 70%이다. 경제협력개발기구 회원국 중에서 남녀 차이가 최고다.

비정규직 고용은 자본이 노동조합을 파괴하는 무기일 뿐만 아니라 자본의 궁극적 목적인 더 많은 이윤을 얻기 위한 고용 형태다. 2006년 무렵 국회 환경노동위원회 소속 단병호 의원이 중심이 된 정책 연구팀이 분석한 바에 따르면, 동일 임금으로 비정규직을 정규직화할 경우 당시 기준으로 자본이 노동자에게 100조 원 정도 더 지불해야 하는 것으로 나타났다. 100조 원을 착취하고 있다고 할 수 있다. 6년이 지난 지금은 더 큰 규모일 것이다.

노동재해

자본이 노동을 착취하는 방식은 더 많은 노동, 더 적은 임금, 불안정한 고용 형태 등 다양하지만, 노동(산업) 안전성 여부에 따라서도 이윤의 차이가 발생한다. 노동 안전을 위한 시설, 적정한 노동시간과 휴식 등은 자본의 이윤에 영향을 미진다. 2011년 한 해 한국에서는 노동과정에서 9만3천여 명이 다치고 2,114명이 사망하여, 노동자 수 대비 사망률은 경제협력개발기구 회원국 가운데 1위다. 하루 기준으로 보면 250여명이 다치고, 이 중 6명이 사망한다. 그러나 이 통계 역시 산업재해보상보험법에 따른 통계일 뿐, 실제는 이보다 더 많은 노동재해가 발생한다. 많은 경우 회사는 재해를 입은

노동자와 협의해 공무 중의 부상, 즉 공상(公傷)으로 처리한
다. 산재보상법에 따라 처리하면 산재보험료율 인상, 노동
부 행정감독 강화, 안전 대책을 위한 비용의 추가, 세금이나
금융에서의 불리함 때문에 공상으로 처리하는 경우가 많다.
노동재해로 인해 사망하거나 다치는 노동자가 증가하고 있
지만 산재로 인정받는 것은 매우 까다롭다. 재해를 당한 노
동자가 입증 책임을 져야 하기 때문이다.

　　신자유주의와 금융자본주의 체제는 노동자에 대한 착취
와 수탈의 체제이다. 불안정 고용이 증가하고 양극화와 빈곤
이 확대되고 있다. 운동에 대한 자본의 공격이 강화된다. 운
동이 파괴되거나 자본에 편입되어, 체제 속에 안주하고 우경
화된다. 한국에서 IMF 외환 위기를 거치며 민주노조운동은
쇠퇴기에 직면했고 노동정치는 급격하게 우경화의 길을 걷
고 있다.

2. 민주노조운동의 쇠퇴와 노동정치의 우경화

한국의 노동자운동은 급격한 쇠퇴기에 접어들었다. 민주노조운동이 지향해 온 변혁성, 민주성, 자주성, 투쟁성, 연대성은 약화되었거나 사라지고 있다. 민주노조운동의 구심인 민주노총은 지도력을 상실하였고, 변혁적 정치 노선을 포기한 채 신자유주의 정치세력에 의존하고 있다.

1987년 이전까지의 운동

한국의 노동자운동은 조선 말기 제국주의의 한반도 침략과 함께 시작된 맹아적 자본주의 시기부터 지금까지 120년의 역사를 지니고 있다.

일제가 지배하던 시기의 파업 투쟁은 임금 인상이나 근로조건 개선 등 생존권 문제를 포함해 노동력에 대한 수탈과 착취에 맞선 투쟁이자 민족 해방 투쟁의 성격을 지녔다. 1923년 경성고무공장 여성 노동자들이 벌인 '아사' 투쟁과 1929년 3개월에 걸친 원산 총파업을 거쳐, 1930년대 이후에는 일제가 불법화 정책을 시행함으로써 운동은 비합법 적색 노조운동, 무장독립운동으로 나아갔다.

원산노련이 주도한 원산총파업은 지속성, 강인성, 격렬성, 조직성에서 전 세계적인 의미를 지닌다. 1921년 원산노동회로 출발하여 1925년에 재조직된 원산노동연합회(원산노련)는 항만, 운수 등 1,800명과 양복, 인쇄, 이발, 제곡 등 400명을 포함해 2,200명으로 구성되었고, 당시 원산 지역 노동자를 60개의 반과 23개 노조로 거의 다 조직했다고 할 정도로 강력했다. 원산노련은 단순한 지역 조직을 넘어 계급적, 정치적 노동조합이었다. 원산노련의 네 가지 주요 사업은 다음과 같았다. "1. 노동운동의 전위군을 양성하기 위하야 강습소와 학교 시설함. 2. 노동계급에 계급의식을 촉진키 위하야 신문잡지의 편성과 순회강연과 강독 등을 위함. 3. 각지 노동운동, 청년운동, 형평운동, 여성운동을 항상 조사함. 4. 본회 각 세포 단체원으로 소비조합을 조직하야 조합원의 생활상 필요물품을 구입 공급함."

해방과 더불어 1945년 11월 조선노동조합전국평의회(전평)가 설립되었다. 16개 산업노조와 지방조직 등 1,757개 노조의 전평은 조합원이 55만 규모였고, 11개 주요 산업 지대에 지방평의회를 두었다. 이에 맞서 1946년 3월 10일에는 어용인 대한독립촉성노동총연맹(대한노총)이 급조되었다. 1946년 5월 메이데이 행사에 전평 조합원은 10만 명 이상 참가했으나 대한노총은 3천 명 참가에 불과했다. 1946년 9월 23일

철도 노동자를 필두로 전국에서 17개 산업노조 24만여 명이 파업에 참가하며 전평은 20여 일 동안 격렬한 투쟁을 전개했다. 미군정과 우익 세력은 파업을 대대적으로 탄압했다. 1947년 3월 22일, 50여만 명이 24시간 시한부 총파업을 벌였으나 탄압으로 인해 조합원들은 현장으로 몸을 숨겼다. 조직의 마지막 지침은 각자의 창의성을 발휘해 현장에서 투쟁을 전개하라는 것이었다. 대한노총은 이승만 독재 정권 시기에는 정권의 사병 조직으로 반공 운동을 펼쳤고 정부 친위대 역할을 맡았다. 1956년 3월 경성전기노동조합은 이승만의 3선 출마를 요구하는 파업 아닌 파업을 벌이기도 한다.

어용노조를 앞세운 노동자에 대한 관리와 자주적인 노동조합 말살이 진행되는 가운데서도 국회는 헌법이 보장한 노동삼권에 따라 1953년 1~4월에 노동조합법, 노동쟁의조정법, 근로기준법 등을 제정했다. 제도적으로는 노동조합을 보장한 것이다. 1960년 4월 19일 민중혁명 이후에 신규 노조가 결성되고 노동쟁의가 증가했다. 1959년에는 95건에 49,813명이 참가했으나, 1960년에는 227건에 64,335명이 참여했다. 4·19혁명으로 전국 조직인 전국노동조합협의회를 비롯한 민주노조가 만들어지기도 했다. 1961년에 박정희 일당은 5·16쿠데타로 기존의 노동조합을 해산시켰고, 그 해 8월에 대한노총을 80명의 대의원과 11개 연맹의 전국 단일 산업노조 연맹체인 한국노동조합총연맹(한국노총)으로 개편했다. 그리고 1963년 4월에 노동조합법에 노조 설립 허가주의 조항과 복수노조 금지 조항을 삽입했다. 이후 개발독재와 경제성장 과정에서 노동력 착취는 극에 달했다.

1970년 11월 3일 전태일 열사가 "근로기준법을 준수하라!"고 외치며 분신했고, 이소선 어머니와 청계피복 노동자와 청년, 학생, 양심적 지식인, 종교인 등이 노동자와 민중의 운동 대열에 합류했다. 이후 1970년대에는 섬유, 전자 등 여성 노동자들의 노조 민주화 투쟁이 전개됐다. 박정희 군사독재 정권은 YH 노동자들의 투쟁과 함께 끝났다.

1980년 서울의 봄 시기에는 중화학 공장, 금속 공장, 동원탄좌, 동명목재 등에서 투쟁이 전개되었다. 그러나 5 · 18 광주민중학살 후에 억압적인 상황이 시작됐다. 1980년 12월, 국가보위비상대책위원회는 노동법을 개악하여, 산업노조는 기업노조로 전환되고, 제3자 개입 금지 조항이 신설되고, 조합 가입이 고용의 조건인 유니온 숍 제도가 폐지됐다. 그러나 대학생들이 대거 노동 현장에 뛰어들었고, 정권과 자본의 억압 속에서도 노동자들의 분노는 조직되었다. 1985년 6월 24일, 전평 파업 이후 최초의 동맹파업인 구로동맹파업이 일어났다.

1987년 노동자 대투쟁 이후 민주노총 출범까지

1987년 4월 13일, 전두환이 호헌 조치를 발표하며 독재 정권을 이어가고자 했고, 어용인 한국노총은 지지 성명을 발표했다. 그러나 노동자와 민중의 분노가 폭발했고 6·10 항쟁이 발발했다. 이어 7월부터 노동자 대투쟁이 벌어졌다. 3,749개 사업장에서 150만 명이 투쟁에 참여했다. 3천여 건의 파업이 벌어졌고, 90만 여명의 조합원을 지니는 5천여 개 노조가 설립됐다. 이 당시 투쟁의 94%는 정치투쟁, 실정법으로 보면 '불법 파업'이었고, 99.8%가 작업 거부, 집단 농성, 시위 등 전투적인 방식을 택했다.

노태우 군사정권 5년 동안 2천여 명의 노동자와 선진 활동가가 구속되는 상황에서도 민주노조를 건설하여 민주노총 건설의 토대를 만들었다. 1989년 노태우 정권이 '범죄와의 전쟁'을 선포한 것은 노동자운동을 겨냥한 것이었다. 1990년 노태우–김영삼–김종필의 3당 합당과 민주자유당(민자당) 창당은 자본과 보수정치세력의 결집이었다. 한편, 1990년은 민주노조운동에서 연대 조직이 봇물처럼 만들어지던 해였다. 민자당 창당일과 같은 날인 1월 22일 전국노동조합협의회(전노협)가 출범했다. 단병호를 초대 위원장으로 하는 전노협은 12개 지역협의회와 2개 업종의 20여만 명으로 구성되었다. 전노협은 민주노조운동과 노동자 투쟁의 구심이었다. 전노협은 지역 파업을 토대로 건설되었다. 1989년 4월 15일의 부천 총파업, 4월 20일의 서울 총파업, 5월 1일과 11월 1일 ~ 2일의 마산과 창원의 총파업, 11월 26일의 경기 총파업 등 지역 조직들은 투쟁을 통해 전노협을 건설했다.

1990년 5월 30일, 11개 사무전문직 노조와 업종연맹을 중심으로 15만 명으로 구성된 전국업종노동조합회의(업종회의)가 출범했다. 같은 해 1월에는 38개 노조 9만 명으로 구성된 현대그룹노동조합총연합(현총련)이, 12월 3일에는 16개 노조 5만 명으로 구성된 대우그룹노조협의회(대노협)도 출범했다. 그 외에도 기아, 한진 등 그룹별 노조 연대 조직이 만들어졌다. 재벌 중심의 한국 경제가 노동조합 구성에도 반영된 것이다.

1987년 노동자 대투쟁 이후 몇 년 동안 민주노조운동의 주된 내용은 민주노조 건설을 통해 사업장 내에서는 노동자들의 인간다운 권리와 임금 인상을 확보하고 사업장 밖에서는 '노동악법'을 개정하는 것이었다. 대투쟁이 벌어졌던 1987년 11월에 일부 노동법이 개정되었고, 1989년 3월 여소야대 국회에서 자주적 단결권을 중심으로 노동법이 개정되었으나 노태우 정권은 경제 위기가 노동자 책임이라며 거부권을 행사했다. 그러자 전노협과 업종회의를 중심으로 하고 전국노운동단체협의회(노운협)와 전국노동단체연합(전국노련) 등 두 단체가 결합해 'ILO조약비준과 노동법개정을 위한 공동대책위원회(ILO공대위)'를 발족시켰다. ILO공대위는 특정한 문제를 해결하기 위한 기구였지만 실제로는 민주노조 건설의 토대가 되었다. ILO공대위는 ILO에 대표단을 파견하는 등 노동법 개정에 대한 국제 활동을 폈고, 1991년 노동자대회와 1992년 노동절대회를 개최하는 등 활발한 활동을 전개했다. 1992년에는 민주노조운동의 폭을 확대하기 위해 1992년노동자대회조직위원회를 구성하고 현총련, 대노협 등 제조업 대기업까지 포괄해 전태일정신계승11월노동자대회를 개최했다. 이 성과를 모아 소위 문민정부를 내걸고 등장한 김영삼 정권 초인 1993년 6월 1일 전국노동조합대표자회의(전노대)가 발족했다.

전노대는 발족하자마자 곧바로 현총련 공동 임투에 대한 연대 투쟁을 선새했다. 그리고 그 해 8월말 전국노동조합대표자 수련대회를 개최해, 처음으로 민주노조 진영의 중소 제조업 노소, 대기업 노조, 사무직 노조의 간부들이 함께 모여 하반기 사업을 논의하고 공동 행동을 결의했다.

1993년 하반기 노동법 개정 투쟁은 현안으로 등장한 근로자파견법과 공공자금관리기금법의 저지 투쟁을 중심으로 전개됐다. 전국노동자대회에서 두 악법 저지에 대한 결의를 다졌다. 근로자파견법은 1998년 제1기 노사정위원회에서 합의를 통해 입법화됐고, 비정규직법과 함께 노동시장 유연화를 통한 자본의 착취를 위한 주요 법적 도구가 되었다. 공공자금관리기금법은 정부가 공공 기금을 주식 등에 자유롭게 투자할 수 있게 하기 위한 법이었는데, 현재 국민연금기금의 20% 이상이 주식에 투자되는 등 국민들의 노후 연금에 대한 불안정이 높아지고 있는 상황을 감안하면 당시의 투쟁은 매우 의미가 있었다. 전노대는 12월 들어 본격적으로 전개되기 시작한 쌀 등 기초 농산물 수입 개방 저지 투쟁에 적극적으로 참여하면서 대내외적으로 민주노조 진영의 중심으로 자리 잡았다.

전노대는 1994년 상반기 임투 과정에서 한국노총과 한국경영자총협회(경총)의 임금 가이드라인 합의를 반대하는 운동을 대대적으로 전개했다. 1994년 노동절을 전후해 터져 나온 한국노총 탈퇴 운동은 한국노총과 경총의 밀실 임금 합의를 무력화시켰을 뿐 아니라 민주노총 건설을 위한 조직적 기반까지 확대하는 계기가 됐다. 또한 전노대는 노동자들의 투쟁을 집단 이기주의로 매도하는 정부와 자본의 이데올로기 공세에 맞서 노사관계 개혁, 경제민주화 등 한국 사회를 개혁하기 위한 투쟁에도 적극 나섰다. 전노대를 중심으로 한

투쟁의 성과는 곧바로 민주노총 건설 논의로 이어졌다.

1994년 여름 단위노조대표자수련대회에서부터 민주노총 건설이 본격적으로 논의되기 시작했고, 9월에는 기아그룹노조총연합(기총련), 전국지하철노조협의회(전지협), 전국농협노조연합(전농노련) 등을 결합시키면서 민주노총건설추진위원회(민주노총(준))를 구성했다. 11월 전국노동자대회에서 민주노총(준)이 발족하여 민주노총 건설을 위한 본격적인 준비에 착수했다. 민주노총(준)은 1994년 12월 임금 정책 세미나와 수차례의 대표자회의를 거쳐 1995년 상반기에 임금 인상 투쟁과 사회 개혁 투쟁을 결합시켜 진행하는 것을 목표로 결정했다. 건설 일정과 관련해서는 2월 전국노동조합수련대회를 거쳐 3월 대표자회의에서, 1995년에 민주노총을 건설하고 1996년 1월 노동자대회에서 이를 선포한다는 기본 일정을 확정했다. 1995년 상반기 투쟁은 임투와 사회 개혁 투쟁의 결합이 주요한 사회적 쟁점으로 부각되는 등 민주노총(준)은 민주노조 진영의 실질적인 전국 중앙 조직의 역할을 담당하기 시작했다. 상반기 투쟁이 마무리되는 7월부터 민주노총(준)은 정책 세미나를 거쳐 민주노총의 강령과 규약의 초안을 작성하여 단위노조대표자수련대회에서부터 본격적으로 토론을 시작했고, 조합원 1인당 1만 원 민주노총 건설 기금 모금 운동을 전개하였다. 10월 18일 제12차 대표자회의는 민주노총강령규약(안)을 확정했다. 민주노총(준)은 1년 동안 13회의 대표자회의, 16회의 운영위원회, 40회의 집행위원회, 2회의 단위노조대표자수련대회를 거치면서 민주노총 창립을 준비했다.

민주노총 출범 이후

1995년 11월 11일, 연세대 강당에서 민주노총이 창립했다. 업종회의(권영길), 전노협(양규헌), 현총련(권용목)에서 초대 위원장, 수석부위원장, 사무총장 역할을 맡았다. 부위원장은 조직 규모에 따라 9명을 선출했다. 민주노총은 민주노조의 전국적인 투쟁 조직이자 한국의 대표적인 대중투쟁 조직으로서 노동자 생존권, 사회민주화, 산업(별)노조 건설, 노동자정치세력화를 목표로 힘차게 출범했다. 공식적인 회의나 수련회 외에도 수많은 비공식 모임이나 결의가 있었기에 가능한 일이었다.

1990년 전노협 건설, 1995년 민주노총 건설을 거친 민주노조운동은 1996 ~ 97년 노동법개악 저지 전국 총파업(노개투총파업)을 정점으로 하강 국면에 들어섰다. 본격적인 투쟁과 조직에 대한 전략을 갖지 못했다. 전 지구적 신자유주의 정세를 미리 예견하고 대처하지 못했다. 우물 안 개구리였다고 할 수 있다. 노개투총파업은 민주노총의 성과라기보다는 1987년 이후 10년간의 성과를 집대성한 것이었다. 민주노총은 그 마지막 정점에서 역할을 한 것에 불과했다.

민주노총 초대 위원장 권영길은 노개투총파업의 성과를 가지고 1997년 12월 국민승리21 후보로 대통령선거에 출마했다. 뒤를 이은 배석범 직무대행 집행부는 제1기 노사정위원회에서 정리해고에 합의했다. 당시의 임원은 물론이고 산별연맹위원장이나 지역본부장으로 구성된 중앙집행부 모두에게 책임이 있다고 할 수 있다.

신자유주의 정세에 둔감해 IMF프로그램을 수용했던 민주노총 1기(1995년 11월 ~ 1998년 2월) 집행부는 임기 한 달을 남기고 전원 사퇴했다. 단병호 비대위 체제가 들어섰지만 동력이 없다는 이유로 파업은 유보됐다.

1998년부터 김대중 정권의 신자유주의 구조조정 정책이 본격화되던 시기에 2기(1998년 3월 ~ 2001년 1월) 집행부(2대 위원장 이갑용/ 3대 위원장 단병호)는 산발적인 투쟁을 전개했지만 이미 정권과 자본의 신자유주의 정책에 밀리기 시작했다.

3기(2001년 1월 ~ 2004년 1월) 집행부(4대 위원장 단병호/직무대행 허영구, 유덕상) 역시 마찬가지였다. 임기 내내 위원장이 수배되고 구속됐다. 당시 발전소 해외 매각을 반대하는 발전노조의 38일 파업과 이에 대한 민주노총의 지원 파업이 있었으나, 민주노총은 2차 파업을 유보했고 구속 중인 위원장을 제외하고 임원 전원이 사퇴했다.

4기(2004년 1월 ~ 2007년 1월) 집행부(5대 위원장 이수호/6대 위원장 조준호)는 취임과 함께 노사정대표자회의 참가를 밀어붙였다. 이에 반대하는 좌파 진영 대의원들과 활동가들이 나서서 대의원대회 강행 처리를 무산시켰다. 그러나 위원장 독단으로 노사정대표자회의에 참가하고 말았다. 그러다 수석부위원장의 뇌물 사건이 터졌다. 이 와중에도 집행부는 사퇴를 거부했다. 이에 좌파 사무총국 성원들이 사표를 내는 등 압박하자 결국 집행부는 총사퇴하고 보궐집행부가 들어섰다. 신자유주의 정세에 밀리던 민주노총은 집행부의 우경화와 함께 노사 협조주의와 타협주의로 변해갔다.

5기(2007년 1월 ~ 2010년 1월) 집행부(7대 위원장 이석행/8대 위원장 임성규)가 들어섰으나 투쟁과는 무관한 '현장대장정'이라는 정파 조직화에 매몰되다가 조직 내 성폭력 사건으로 임원은 총사퇴했다. 이때도 우파 집행부는 사퇴하지 않으려고 버텼지만 여론 압박에 못 이겨 사퇴했다. 2009년 들어선 보궐집행부는 쌍용차 투쟁 등에 집중하기보다, 민주노동당과 진보신당의 분당으로 현장이 분열되어 있어 투쟁이 어렵다는 이유를 내세우며 진보대통합추진위원회를 구성하고 정치 사업에 몰두했다. 이때부터 민주노총은 투쟁보다는 우경화된 진보정치는 물론이고 심지어 신자유주의 정치세력에 적극적으로 의지하기 시작했다.

6기(2010년 1월 ~ 현재) 집행부(9대 위원장 김영훈)는 더욱 노골적으로 '반MB 야권연대'로까지 나아갔고, 신자유주의 정치세력과 통합한 통합진보당과 신자유주의 정당인 민주통합당 지지로까지 이어졌다. 1987년 대투쟁의 성과로 노개투 총파업까지 10년간 노동운동의 고조기였으나 그 이후 15년간 퇴조기가 계속되고 있다.

변화에 대응하지 못한 민주노총과 정치적 우경화

1998년부터 김대중 정권이 추진한 신자유주의 구조조정 정책은 한국 사회의 모든 부문에 변화를 가져왔다. 2003년 취임한 노무현 정권은 신자유주의 정책을 더욱 가속화했다. 금융시장의 개방과 자유화를 촉진하고 전방위적인 FTA를 추진했다. 한미 FTA에 맞서 산발적인 총파업이 진행됐지만 FTA는 체결됐다. 비정규직과 청년실업이 증가했다. 노동 현상은 정규직과 비정규직의 이중 구조가 되었다. 신자유주의 정책을 본격적으로 펼친 김대중, 노무현 정권 10년 동안 2천여 명의 노동자가 구속되었다.

2008년 이명박 정권의 광우병 우려가 있는 미국산 소고기 수입에 반대하는 시민들의 촛불투쟁이 벌어졌지만 노동조합은 그 중심에 서지 못했다. 그때부터 민주노총은 사회운동의 중심부에서 더욱 밀려났다.

2006년 상하이 투기자본의 기술 유출과 회계 조작을 통한 거짓 파산 신청으로 2009년 쌍용자동차가 2646명을 정리해고하자 노동자들은 이에 저항하여 77일간 옥쇄 파업을 벌였다. 이명박 정권은 쌍용차 노동자들이 고립된 가운데 경찰력을 동원해 폭력적으로 진압했다. 그러나 민주노총은 전국적인 총투쟁전선을 구축하지 못했다. 쌍용자동차의 해고 사태와 관련해 이제까지 목숨을 잃은 사람은 22명이다. 이 여세를 몰아 2010년 정권은 '타임오프' 제도를 도입해 노동조합 활동가 수를 줄이고 활동을 축소시켰다.

2011년 '국민임투', '노동법재개정', '총궐기' 등의 구호를 내걸고 '반MB 야5당 연대'를 추진했으나 노동자 투쟁이 뒷받침되지 않는 상층 정치 사업은 공허할 뿐이었다. 2012년 4월 11일 국회의원 총선거에서 민주노총이 추진했던 진보대통합은 무산됐지만, 민주노총은 민주노동당이 신자유주의 세력과 연합해 만든 통합진보당을 지지했다. 민주노총 집행부는 반이명박, 진보대통합, 야권연대에 매몰되어, 노동자를 정리해고하고 민주노총을 탄압한 세력까지 지지했다. 나아가 집권 10년 동안 비정규직악법, FTA, 제국주의적 파병,

제주해군기지 결정, 평택미군기지 이전, 국책은행과 기간산업 민영화, 금융시장 개방, 환경 파괴 토목공사, 수명 다한 원자력발전소 연장 등의 정책을 편 신자유주의 정당인 민주통합당과 선거 연대를 추진했다. 통합진보당과 민주통합당이 국회의원 과반수를 점하면 민주노총이 바라는 노동법을 개정할 수 있다는 망상에 빠진 것이다. 그러나 기대는 어긋났다. 통합진보당 사태가 벌어지면서 진보정치는 '막장드라마'를 보여주었다. 그렇게 노동자정치세력화 1기는 추악한 몰골을 드러내며 종언을 고했다.

'뻥파업'과 총파업

요즘 들어 민주노총의 총파업은 구호일 뿐이다. 혹자는 '뻥파업'이라 비아냥거린다. 민주노총 역사에서 제대로 된 총파업은 1996~97년 정리해고제 도입에 반대한 노동법 개악 저지 총파업밖에 없다. 이 노개투총파업은 1년 정도의 철저한 준비를 거쳤다. 현장 조합원 설명회, 교육, 토론을 거쳤다. 1조합원 1실천 등 총파업을 위한 준비를 진행했다. 각급 단위 회의를 거쳐 철저하게 투쟁을 준비했다. 그럼에도 불구하고 조직과 투쟁 역량에서 선제 파업을 벌일 수 있는 정도가 아니었다.

김영삼 정권이 국회에서 날치기를 강행하면서 총파업 투쟁이 전개됐다. 1단계(1996년 12월 26일 ~ 1997년 1월 2일)는 12월 26일 오전에 무기한을 선언하며 돌입했다. 오전 출근 직후 파업 출정식, 권역별 규탄 집회, 비상총회 개최(총파업이 어려운 사업장의 경우), 전교조의 단축 수업, 화물노련의 구간별 안전 운행(시속 70Km) 등의 투쟁 지침을 내렸다. 이는 제8차 투쟁본부대표자회의(12월 23일) 결정에 따른 것이었다. 금속·자동차·현총련 등 170~180개 노조, 20만 명이 참가했다. 파업에 대한 국민의 지지는 50%를 상회했다.

2단계(1997년 1월 3일 ~ 1월 14일)에는 8일간의 파업을 진행한 뒤, 철도 등 공공 부문은 연말연시의 혼잡을 피해 1월 3일부터 7일까지 잠정적으로 파업을 중단했지만 금속 사업장을 중심으로는 계속 파업이 진행했다.

1월 15일부터 파업 열기가 고조되면서 3단계(1997년 1월 15일 ~ 1월 19일) 파업이 진행됐다. 388개 노조에서 350,856명이 참가했다. 전국 20개 지역에서 16만 명이 참가하여 가두집회 후 행진을 벌였다. 김영삼 정권은 백골단을 투입하고 최루탄을 쏘며 저지했지만 민주노총의 총파업 열기를 막아내지는 못했다.

25일간의 전국적인 파업과 가두시위를 벌인 뒤 4단계(1997년 1월 20일 ~2월 28일) 국면으로 넘어갔다. 이때 1월 20일부터 2월 18일까지 '수요파업'으로 전환하기로 결정했다. 설 연휴를 맞은 2월 7일 ~ 9일은 귀향 등으로 투쟁이 유보되기도 했으나, 네 차례의 전면 파업을 전개했다. 마지막이었던 2월 28일 파업에는 107개 노조, 131,448명이 참가했다.

한 달 넘게 계속된 총파업 과정에서 하루 이상 참여한 노조는 531개, 조합원수는 404,054명에 달했다. 총파업에 돌입한 노조는 누적 집계로 3,422개였고 조합원수는 3,878,211명이었다. 1일 평균 규모는 163개 노조, 184,498명이었고, 대규모 집회가 30일 열렸는데 집회 참여 노동자수는 전국 주요 도시에서 150만 명에 달했다. 투쟁 과정에서 대국민 선전물 390만부가 제작되어 배포됐다. 이 숫자는 조·중·동 등 수구보수 언론이 하루 찍어내는 숫자에 버금간다. 총파업은 교육, 조직적인 투쟁 준비, 집행부의 의지와 전략 전술이 있어야 한다. 지금 민주노총에 그런 수준을 기대하기는 어렵다.

2012년 6월 28일의 '경고 파업'은 민주노총이 조직적으로 진행한 것이 아니라 화물연대와 건설노조의 투쟁 일정에 편승했을 뿐이다. 민주노총과 별도로 개별 조직들이 사안별로 투쟁을 전개하고 있을 뿐이다. '장기 투쟁' 사업장은 운동단체나 시민들이 결합해 투쟁을 유지하고 있는 상황이다. 8월 총파업 역시 거의 조직하지 않았다.

분할 지배와 복수노조

신자유주의 정책으로 1천만 비정규직노동자 시대가 열렸다. 노조 조직화는 어려움에 처해 있다. 정규직과 비정규직의 연대도 미약하다. 정권과 자본의 노동 통제는 강화되었다. 1987년 노동자 대투쟁 이후 25년 후에 들어선 다섯 번째 정권인 이명박 정권을 '자본독재 정권'이라 규정하고 있지만, 구속된 노동자 수는 4백여 명으로 역대 정권 중 가장 적다. 이는 이명박 정권이 노동권과 인권을 보장하기 때문이 아니라 민주노총이 투쟁하지 못하기 때문에 발생한 일이다.

구조조정 과정에서 많은 노동자들이 노조를 떠나 사측의 품으로 들어갔다. 일부는 미안한 마음으로, 또 일부는 냉정하게 돌아섰다. 노조가 고용을 비롯해 자신들의 미래를 책임질 수 없다고 판단했기 때문이다. 구조조정에서 살아남은 대기업, 공공, 사무직 등 정규직노동자들은 이중 구조로 된 노동계급의 상층에 위치한다. 이들이 민주노총의 주요 구성원들이다. 투쟁이 아닌 협상과 타협 속에서 임금과 노동조건은 후퇴했다. 다만 고용을 보장받는 것으로 만족한다. 그 과정에서 원하지는 않았지만 비정규직노동자들을 방패막이로 하여 고용을 유지하고 있다.

자본과 정권은 대기업 중심의 정규직노동자들과 중소기

업 중심의 비정규직노동자들을 분할하여 지배한다. 신자유주의 정권의 절대적 지원을 받고 있는 자본의 노무관리는 이런 이중적 구조 속에서 이뤄진다. 구조조정 과정에서 노동자들이 '정규직이긴 하나 고용이 불안정한 노동자'로 살아남는 방법을 터득한 탓이기도 하다. 하지만 이렇게 된 더 큰 이유는 자본이 노동시장 이중 구조를 통해 착취한 잉여분의 일부를 대기업, 공공, 사무직 등의 정규직노동자들에게 떡고물로 나눠주면서 투쟁을 약화시켜 왔기 때문이다.

대기업 임금 협상에서 노동자들이 주식을 받아 '우리사주'가 되는 것은 일반적인 현상이 되고 있다. 2012년 금속노조 현대자동차지부는 임금 협상 과정에서 무쟁의를 전제로 주식을 지급하겠다는 사측의 제안을 거부했다. 자본은 얼마 전부터 임금 협상에서 주식을 지급해 왔고, 노동자들은 노사 협력을 통한 생산력 증대가 주식 가격을 상승시킨다는 사실을 인식하면서 자신의 존재를 노동자보다는 주주로 인식하기 시작했다. 일부는 아예 본격적으로 주식 투자에 뛰어들었다. 상대적으로 높은 임금을 받는 정규직노동자들은 자본주의적 소비를 통해 신자유주의적 금융자본주의 체제를 받아들여 버렸다.

2011년 7월 민주노조 설립의 방해물이었던 복수노조 설립 금지 조항이 사라졌다. 법 개정 이후 13년간 세 차례 유보

된 끝에 시행되었으나, 상황은 자본에 유리한 국면이다. 노동과 자본의 힘 관계가 역전된 상황에서 복수노조 설립의 자유는 회사에 우호적인 노조나 노골적인 어용노조를 만드는 자본의 무기가 되었다. 정권과 자본은 사업장 내 복수노조가 설립된 경우 '교섭 창구 단일화'를 법으로 강제해 민주노조의 힘을 약화시키고 궁극적으로 말살시키려 한다. 2011년 한국 사회에서 커다란 사건이었던 김진숙 지도위원의 1년에 가까운 골리앗 투쟁과 희망버스 투쟁에도 불구하고, 한진중공업은 어용노조를 만들어 기존 노조를 약화시킴으로써 투쟁의 성과가 물거품이 될 지경에 처해 있다.

노동삼권이 제약당하고 있다. 많은 노동자들이 특수고용직노동자라는 이름으로 노조 설립과 노조 활동을 제약받고 있다. 자본가들의 부당노동행위가 급증하고 있으나 처벌은 솜방망이다. 국가권력의 폭력은 야만적 수준이다. 최근 SJM에서 컨텍터스라는 이름의 회사가 보여 주듯, 용역 깡패의 폭력은 공권력 못지않다. 게다가 민주노총으로 대표되는 운동은 변혁적 정치 노선을 포기하고 우경화했다.

노동자 정치세력화 제1기의 종말과 새로운 시도

민주노총을 중심으로 하는 노동정치는 통합진보당 사태

로 막을 내렸다.

민주노총 1996~97년 노개투총파업의 성과로 1997년 말 권영길 위원장은 대통령선거에 출마했다. 민주노총은 2000년 민주노동당 창당에 합류하고 국회의원총선거에 참가했으나 원내 진출에는 실패했다. 민주노동당은 2004년 총선거에서 국회의원 10명을 당선시켰다. 이때부터 보수야당인 민주당에 대한 비판적 지지로 일관해 왔던 민족자주계열이 대거 민주노동당에 합류해 당권을 장악했다.

2008년 총선을 앞두고 비당권파들이 민주노동당으로부터 나와 진보신당을 창당했다. 다시 2012년에 총선을 겨냥해 민족자주계열들은 자신들이 실질적으로 장악한 민주노총을 이용해 진보신당을 흡수하고 민주통합당과의 야권연대를 통해 권력을 잡겠다는 목표를 진행시켰다. 이 시도는 2009년과 2010년 진보대통합프로그램으로 나타났다. 권력 지향적인 출세주의자들의 집단인 중간파가 이 운동에 합류했다. 그러나 진보신당 당원들이 반발로 통합이 실패하자 민주노동당은 민주통합당으로부터 이탈한 신자유주의 세력의 일부인 국민참여당과 진보신당 탈당파 상층 간부들의 '새로운 진보정당 건설을 위한 통합연대'(통합연대)와 함께 통합진보당을 창당했다. 통합진보당은 민주통합당과의 선거 연대를 통해 민주노동당 이후 역대 최다(13명, 정당 지지 10.3%)의 국회

의원을 당선시켰다. 그러나 비례대표 후보를 선출하는 과정
에 부정이 있었음이 드러나 내부에 갈등이 벌어지고 국민으
로부터 비판을 받고 있다. 외형적인 성과와 달리 진보정치는
종말을 고했다.

　노동자를 대상화한 진보정치는 해체의 길로 접어들고 있
다. 대내외적으로 어려움에 처해 있지만 통합진보당은 지난
4·11총선의 연장으로 오는 12월 대통령선거에서 야권연대
를 통한 '(자주)민주연립정부' 수립을 목표로 하고 있다. 여기
에 민주노총을 최대한 활용하려 할 것이다. 최근 10여명의
민주노총 산별연맹위원장들이 통합진보당 내 강기갑 파의
혁신비대위를 지지하고 나선 것은 아직도 통합진보당을 민
주노총의 정당으로 판단하고 있기 때문이다.

　민주노총은 지난 4·11 총선에서 실질적으로 통합진보
당에 대한 '배타적 지지'를 실행했을 뿐만 아니라 민주통합
당과도 선거 연대를 추진했다. 제1야당인 민주통합당은 새
누리당과 정도의 차이만 있을 뿐 반노동, 친자본 신자유주
의 보수 지역정당이다. 민주통합당의 전신은 IMF 외환 위
기 이후 10년간 철저하게 신자유주의 정책을 폈다. 지난 대
통령선거에서 패배해 야당이 된 뒤에는 '반MB·반새누리
당'이라는 정치적 반사이익에 치중했다. 자신들의 신자유주
의 정책에 대해 공식적인 사과나 반성은 없었다. 이들은 똑

같은 신자유주의 정책을 두고 김대중, 노무현의 '착한 정책'
과 이명박의 '나쁜 정책'으로만 몰아갔다. 그러나 FTA를 비
롯해 이명박 정권의 대부분의 신자유주의 정책은 김대중, 노
무현 정권의 연장선상에 있다. 이번 총선에서 127석, 정당지
지 36.5%의 민주통합당은 새누리당에 패배했다. 민주통합당
은 '반MB · 반새누리당' 노선을 통한 권력 탈환에 사활을 걸
고 있다. 민주통합당은 총선에서 통합진보당과 총선에서 연
대했고, 통합진보당 사태 이전에는 대통령선거에서도 같은
전략을 구상했다. 민주통합당은 한국노총과는 권력 연합을
했고 민주노총과는 정책 연대를 하고 있다. 민주노총의 상층
간부들 상당수가 1998년부터 민주당으로 들어갔고, 최근에
는 위원장 출신인 이석행도 이에 합류했다. 지난 총선 시기
에는 민주노총 위원장이 민주통합당과 선거운동을 함께했
다. 민주노총은 지금도 여전히 정책 연대 차원에서 반MB ·
빈새누리당, 친통합민주당이다.

민주노동당 분당의 사유였던 경기동부의 패권이 염려되
는 속에서도 당을 지킬 자신이 없어 세 명의 전현직 당대표
가 떠나 버린 진보신당은 홍세화 대표를 앞세워 총선을 앞
두고 사회당과 합당했다. 진보신당은 4 · 11총선 때는 기존
의 당명인 진보신당을 사용하고 이후 재창당 과정에서 당명
과 강령을 새롭게 제정하기로 했다. 지역구 1석, 정당득표

3%(비례대표 국회의원 1석)를 목표로 했으나 정당 등록 유지 조건인 2% 지지를 얻지 못하고 등록이 취소됐다. 정당지지율은 1.1%(24만 3천명)에 머물렀다. 진보신당은 진보좌파정당추진위원회를 만들었다.

한편 사회주의 세력들과 여러 좌파 진영의 진보신당 합류는 그렇게 낙관적이지 않다. 현재 민주노총을 주도하고 있는 세력은 진보신당이나 진보좌파정당에는 관심이 없는데, 이는 1995년 민주노총이 출범할 때 발표했던 선언과 강령이 제시한 노동자정치세력화 노선에 대한 사실상의 배신이다. 좌파정당 건설은 논쟁이나 관망 또는 냉소적 비판의 대상이 아니라 적극적으로 뛰어들어 건설해야 할 시대적 과제다. 민주노총의 우경화를 막아내고 좌파의 노총, 가칭 좌파노동조합총연맹(좌파노총)을 건설하기 위해서라도 좌파정당 건설은 필연적인 과제다.

3. 좌파노총 건설을 향하여

민주나 진보가 아닌 좌파

신자유주의와 금융자본주의가 지배하는 노동 현장에서 민주노총은 이제 그 수명을 다해가고 있다. 정권과 자본은 운동을 약화시켰고, 나아가 궤멸을 목표로 하고 있다. 노동조합운동은 자본에 포섭되었고 이제 변혁성, 계급성, 투쟁성, 연대성은 약화되거나 사라지고 있다. 변혁적 노동운동이 자본주의를 철폐하려 하듯 신자유주의가 노동운동을 파괴하려 한다.

한국 사회에서 이제 '민주'나 '진보'는 우파들까지 일반적으로 사용하는 담론이 되었다. 진보정당에서 더 이상 진보를 찾아볼 수 없듯이 민주노총에서 디 이상 민주를 찾기가 어렵다. 진보를 자처했던 세력들은 우경화했다. 신자유주의 세력과 섞여 그 구분이 어렵게 됐다. 민주노조는 이제 관료화되거나 어용의 길로 돌아있다. 무기력한 상태로 민주노조의 울타리에 남아 있을 뿐이다. 노동자가 직장에서 해고되어 쫓겨나고 죽고 다쳐도 자신의 임금과 일자리만 지키면 그만인 노동자들이 민주노조의 허울을 쓰고 있다. 그런 우산 역할을

하는 것이 민주노총이다.

어용노조를 부수고 민주노조를 세우는 것이 과제였던 시대, '민주'로 정체성을 나타낼 수 있었던 시대는 지났다. 마치 목표하는 바가 같은 상태에서 그 목표에 더 나아갔다며, '진보'로 정체성을 나타내려 하던 시대는 지났다. 이제 자본주의 체제 내 진영의 개념으로서 '좌파'를 선언할 때다. '노동=좌파'와 '자본=우파'의 대결을 분명히 할 때다. 신자유주의와 금융자본주의 체제를 근본적으로 철폐시키는 운동을 펼쳐나가기 위해서라도 좌파의 깃발, 곧 좌파노총의 깃발을 올릴 때다. 이를 위해서는 신자유주의와 금융자본주의 시대에 맞는 좌파의 선언과 강령을 마련해야 한다.

혁신이 아닌 환골탈태

더 이상 87체제의 낡은 구호로서 민주노총 혁신을 말하지 말아야 한다. 민주노총의 혁신은 3대 위원장 시절부터의 구호이다. 이제 21세기 신자유주의 시대의 운동을 말해야 한다. 좌파노총은 신자유주의와 금융자본주의에 맞서 세상을 변혁할 틀이다. 좌파노총 건설은 후퇴와 패배에 안주하지 않고 시대에 맞서 싸우는 일이다. 신자유주의 공세에 밀려 개별화되고 흩어지는 것이 아니라 공동체 사회를 향한 연대를 새롭게 구축하는 일이다. 정신적으로는 자본주의 체제를 받아들임으로써 생기는 패배주의와 노예 의식을 깨야 하고, 물질적으로는 자본주의적 소비를 줄여 연대를 구축해야 한다. 우리가 패배하는 것은 자본의 힘 때문이 아니라 노동자들의 연대가 실패한 때문이라는 주장이 옳다. 시급한 것은 올바른 정세 인식이다. 그런 의미에서 좌파노총 건설은 시대적 과제다. 두려움이나 머뭇거림 없이 좌파노총 건설을 향해 나아가야 한다.

70만 민주노총 조합원뿐만 아니라 자본에 착취당하는 2,500만 비정규불안정노동자계급에게 좌파노총은 문호를 개방해야 한다.[*] 금융자본에 수탈당하는 금융 피해자들에게 계급적 연대를 호소해야 한다. 자본의 품안에서 폐쇄적으로 맴돌다 소멸하는 운동이 아니라 노동자 세상을 건설하기 위한 폭넓은 연대와 투쟁을 만들어가야 한다. 국제적 보편주의에 입각한 평등, 평화, 생태의 세상을 개척해야 한다. 좌파노총 건설을 향해 나아가자!

그렇다면 좌파노총은 어떤 경로를 거쳐 건설할 것인가? 참고로, '현장실천 사회변혁 노동자진선'(노동전선) 2011년 총

---

[*] 2012년 8월의 고용노동부 발표에 따르면, 전체 노동자 1천 709만 명 가운데 172만 명이 조직되어 있어 조직률은 10.1%이고, 한국노총 76만 9천 명(44%), 민주노총 56만 2천 명(32.7%), 국민노총 2만 2천 명(1.3%), 독립노조 36만 7천 명(21.3%)이다.

회의 안건이었던 '미조직 비정규 노동자 조직화를 통한 (가) 노동해방노조 건설안'을 소개하기로 하겠다. 이 안건의 취지는, 우경화한 민주노조운동을 대체할 새로운 노조 조직을 대안으로 내고 그것을 중심으로 조직하고 투쟁해야 함으로 노동전선을 노동조합으로 재편하자는 것이었다. 이때 전환은 특정 지역이나 산업만을 대상으로 삼은 것이 아니라, 변혁 또는 혁신을 기치로 하여 산업과 지역을 포괄하는 전국적인 단일한 노조로의 전환이었다. 또한 민주노총 조합원으로 있는 회원은 노동해방노조에 중복으로 가입하자는 계획이었고, 노조의 목적상 조합원들은 자신의 수입의 5~10% 정도를 연대 투쟁 기금으로 내고 실질적인 투쟁의 구심이 되자는 내용이었다. 당시의 총회는 이 문제를 회원이 토론하기로 결정했는데, 당시에 제출된 내용을 도식화하면 다음의 그림과 같다.

당시의 제안은 노동해방노조를 건설하되 민주노총 개혁의 일환으로 건설하자고 주장한 셈이다. 이는 민주노총에 대한 적극적인 혁신 방안 중 하나였다.

이 소책자에서 주장하는 좌파노총은 기존의 민주노총을 혁신하는 데 머무르지 않고 노동조합운동을 재구성하자는 데 의의가 있다. 민주노총을 고쳐 쓸 것이 아니라 전면적으로 바꾸는 것이다. 신자유주의와 금융자본주의 정세 속에서 확산되어 온 비정규불안정노동자를 운동의 중심에 세우자는 것이다. 그렇다고 해서 좌파노총이 민주노총을 중심으로 하는 운동과 분리된 채 조직되는 것은 아니다. 좌파노총은 민주노총 소속 노조와 조합원을 포괄하는 새로운 운동이다.

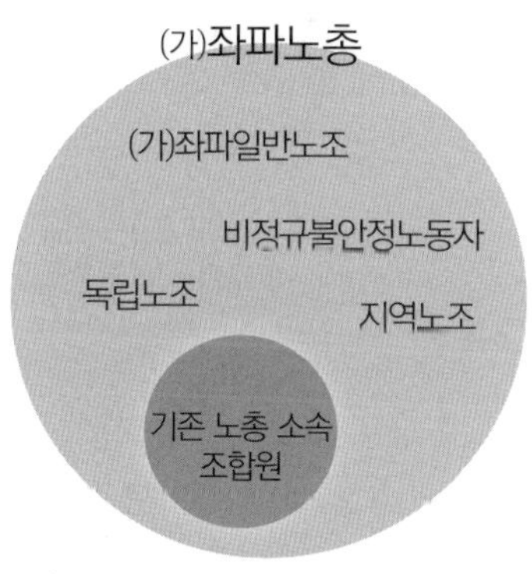

사업장 울타리를 넘지 못하고, 특히 조직된 정규직노동자들의 운동으로만 축소되고 후퇴해 온 지난 87년 체제의 민주

노조운동을 극복하고, 전체 노동계급의 이해와 요구를 반영하는 운동을 시작해야 한다. 민주노조운동을 넘어 좌파노조운동으로 가야 하며, 민주노총 시대의 과제가 아닌 새로운 과제를 해결할 좌파노총을 건설해야 한다.

낡아 버린 민주노총의 출범선언

좌파노총은 기본적으로 70만 민주노총 조합원을 포괄하는 2,500만 비정규불안정노동자(다양한 형태의 비정규직, 실업자, 알바, 장애인, 이주노동자, 노점상, 철거민, 영세 소농 등)와 금융 피해자를 조직 대상으로 한다. 신자유주의와 금융자본주의 철폐를 위해 좌파노총을 건설해야 하며, 이를 위해 시대에 뒤떨어진 민주노총의 선언, 강령, 운영 원리를 전면적으로 바꾸어야 한다. 좌파노총은 민주노총 혁신으로 건설될 수 있는 것이 아니다. 명실상부한 좌파노총은 민주노총이 환골탈태되어야 건설될 수 있다.

1995년 11월 11일 발족한 민주노총의 출범선언은 다음과 같다. (특히 문제가 되는 곳은 눈에 띠게 표시하였다.) "생산의 주역이며 사회개혁과 역사발전의 주체인 우리는 일백여년에 걸친 선배 노동자들의 불굴의 투쟁과 87년 노동자 대투쟁 이후 거대한 흐름으로 자리 잡은 민주노조운동의 성과를 계승하여 자주적이고 민주적인 노동조합의 전국중앙조직인 전국민주노동조합총연맹을 결성한다. 우리는 민주노총의 깃발을 높이 들고 **자주, 민주, 통일, 연대**의 원칙 아래 뜨거운 동지애로 굳게 뭉쳐 노동자의 정치, 경제, 사회적 지위를 향상하고 전체 국민의 삶의 질을 개선하며 인간의 존엄성과 평등을 보장하는 통일조국, 민주사회 건설의 그 날까지 힘차게 투쟁할 것을 선언한다.”

그러나 선언에서 밝힌 자본으로부터의 자주성이나 민주주의는 실종되었다. 노동자들의 통일과 단결은 조직된 노동자들 내부에서 사라진 것은 물론이고 정규직과 비정규직으로 철저하게 분리되었다. 따라서 연대는 실종되었다. 한편에서는 민주노총의 선언이 표현한 ‘자주, 민주, 통일’이 민족주의 계열의 ‘자민통’으로 해석되어 왔다.

토론과 논의를 거쳐 완성될 것이지만, 이 시대에 적절한 좌파노총의 선언은 예를 들면 다음과 같은 것이 될 수 있다.

“신자유주의와 금융자본의 수탈체제가 지구 곳곳에 몰아치고 있는 오늘날,

비정규불안정노동자가 전체 노동자의 절반이 넘는 오늘날,

우리는 멀리는 일제와 미군 강점기에 제국주의와 자본에 맞선 선배들의 투쟁과 가깝게는 1996년-97년의 노동법 날

치기 개악에 맞선 전국적인 투쟁의 정신을 이어받아,

전 세계적인 자본의 위기와 그 위기를 99%의 민중에게 전가하려는 자본의 공세에 맞서 투쟁할 것을 결의하며,

좌파노동조합총연맹의 출범을 선언한다.”

좌파노총의 강령과 운영원리

다음으로, 현재 민주노총의 선언에 따른 강령은 다음과 같다. (여기서도 문제가 되는 곳은 눈에 띠게 표시하였다.)

“1. 우리는 **자주적이고 민주적인 노동조합운동**의 역사와 전통을 계승하고 인간의 존엄성과 평등을 보장하는 참된 민주사회를 건설한다.

2. 우리는 **노동자의 정치세력화**를 실현하고 제 민주세력과 연대를 강화하며 민족의 자주성과 건강한 민족문화를 확립하고 민주적 제 권리를 쟁취하며 분단된 조국의 평화적 통일을 실현한다.

3. 우리는 **미조직 노동자의 조직화** 등 조직역량을 확대강화하고 산업별 공동교섭, 공동투쟁 체제를 확립하여 산업별 노동조합을 건설하고 전체 노동조합운동을 통일한다.

4. 우리는 권력과 자본의 탄압과 통제를 분쇄하고 **노동기본권**을 완전 쟁취하며 공동결정에 기초한 경영참가를 확대

하고 노동현장의 비민주적 요소를 척결한다.

5. 우리는 생활임금 확보, 고용안정 보장, 노동시간 단축, 산업재해 추방, 모성보호 확대 등 노동조건을 개선하고 남녀 평등 실현 등 모든 형태의 차별을 철폐하고 **안전하고 쾌적한 노동환경**을 쟁취한다.

6. 우리는 독점자본에 대한 규제를 강화하고 중소기업과 농업을 보호하며 사회보장, 주택, 교육, 의료, 세제, 재정, 물가, 금융, 토지, 환경, 교통 등과 관련한 **정책과 제도를 개혁**한다.

7. 우리는 전 세계 노동자와 연대하여 국제노동운동 역량을 강화하고 인권을 신장하며 **전쟁과 핵무기의 위협에 맞서 항구적인 세계평화**를 실현한다."

강령을 보면, 민주노총은 자본으로부터 자주적인 노조를 건설하여 운동을 전개하는 것을 기본으로 하고 있다. 조직 운영이 민주적인 것만으로 민주노조가 되는 것은 아니다. 자주성이 없는 노조는 당연히 민주성을 지킬 수 없다. 자주적이고 민주적인 노조가 지향힐 목표는 '평등사회'다. 이는 당연히 자본주의 체제를 극복하는 것이다. 강령에서 특정한 이념을 구체적으로 표현하지는 않았지만, 그 목표는 노동자정치세력화를 통한 평등사회 건설이다. 그러나 민주노동당으

로 대표됐던 1기 노동자정치세력화가 끝난 상황이기에 노동
자계급정치는 재구성되어야 한다. 진보신당의 진보좌파정
당 건설은 새로운 운동과 함께해야 한다. 이때, 신자유주의
와 금융자본주의 정세 속에서 광범위하게 양산되고 있는 비
정규불안정노동자를 중심에 놓아야 한다. 이를 위해서는 민
주노총 창립 당시의 강령과 기본과제에서 밝힌 '미조직노동
자'는 비정규불안정노동자와 금융 피해자여야 한다. 그리고
빈곤, 금융, 생태, 지역, 평화, 반핵 등 당면한 과제를 주요
투쟁 과제로 삼아야 한다.

역시 토론과 논의를 거쳐 완성될 것이지만, 좌파노총의
강령은 예를 들면 다음과 같은 것이 될 수 있다.

○ 신자유주의와 금융자본의 수탈체제의 종식을 위해 투
쟁한다.

○ 비정규불안정노동자가 이 투쟁의 주체가 되고, 나아가
노동자계급이 정치적 주체로 설 수 있도록 노력한다.

○ 금융, 기업, 토지의 사회화를 위해 투쟁한다.

○ 적절한 생활임금, 인간다운 생활을 가능케 할 여가를
보장하는 노동시간, 안전한 근로환경 등이 보장되도록 투쟁
한다.

○ 무상급식, 무상의료, 무상주거 등의 복지는 물론이고
어떤 심사나 기여를 필요로 하지 않는 기본소득의 보장을 지

향한다.

○ 자본의 탐욕으로 인한 자연의 파괴에 반대하며, 반원전, 생태주의에 따른 정책과 생활의 정착을 지향한다.

○ 성별, 국적, 장애, 학력 등 그 어떤 이유로도 차이가 차별이 되지 않도록 투쟁하며, 사회적 소수자의 편에 선다.

○ 동북아와 한반도 평화를 위해 군축, 평화체제, 평화통일을 실현하기 위해 노력한다.

○ 이상의 강령을 실현하기 위해 전 세계의 노동자 및 평화 세력과 연대한다.

또한 조직 운영의 주요 원칙은 다음과 같은 것이 되어야 한다.

○ 대의원대회나 중앙위원회 등의 회의 체계 구성에서는, 지역에 기반을 둔 조직이 50%(지역노조인 경우는 지역 100%)를 차지하고, 차별받는 자나 소수자(비정규직, 이주노동자, 장애인 등)를 일성한 비율로 배정한다.

○ 총연맹 사업비의 50%는 비정규직 조직화 사업에 배정한다.

○ 조합비는 일률적인 비율이 아닌 조합원 개인이 약정한 바에 따라 정하며 소득의 10%를 지향하고, 사업주를 통해서가 아니라 조합원 개개인의 CMS 약정을 통해 납부한다.

○ 투쟁 기금과 생계 기금을 적립하여, 활동과 투쟁으로

인해 해고되거나 구속된 조합원과 그 가족의 생계를 책임진
다.

　○ 중앙과 지역, 중앙과 연맹에 인력을 균형 있게 배치한
다.

　물론 좌파노총은 선언하는 것만으로 건설되는 것이 아니
다. 좌파노총을 건설할 주체의 결단이 필요하다. 다음으로,
대중들이 동의하고 함께해야 한다. 결코 쉬운 일이 아니다.
그러나 역사에서 새로운 운동은 선진 활동가들이 결단하고
실천함으로써 이뤄졌다.

　민주노총이 문제가 많지만 고쳐서 가 보자는 식으로는 변
화하는 정세에 부응하는 자세가 아니다. 우리가 먼저 결단하
고 실천하는 것이 중요하다. 정규직 중심의 운동이 아니라
비정규불안정노동자를 중심에 세우는 것이 이 시대의 새로
운 과제이고 사명이다. 그러나 선언한다고 해서 저절로 모이
고 조직되는 게 아니다. 좌파노총은 노동조합법이 규정하는
목적, 곧 조합원들의 정치적, 경제적, 사회적, 문화적 지위
향상만을 목표로 하지 않는다. 좌파노총은 자본주의 체제를
유지하고 발전시키는 도구인 노동조합주의에 머무르지 않
는다. 먼저 인식한 자가 먼저 결단하고 실천해야 한다. 현 정
세를 정확하게 인식하고 좌파노총 건설에 나설 때이다.

* * *

올 하반기(또는 내년 초)에 치러질 제7기 민주노총 임원 직선제에는 적극 참여하여야 한다. 단, 집행 권력의 획득만을 목표로 할 것이 아니라 좌파적 시각에서 민주노조운동을 근본적으로 혁신하는 계기로 삼아야 한다.

그동안 총연맹 임원 선거에서 배제되어 민주적 선거권을 행사하지 못했던 현장 조합원들과 소통해야 한다. 좌파연대를 강화하자. 광범위하게 확산되고 있는 비정규불안정노동자들과 함께 (가)좌파노총 건설을 향한 공동의 노력을 기울여 나가자.

참고 자료

김창우, 『전노협 청산과 한국노동운동 – 전노협은 왜 청산되었는가』, 후마니타스, 2007년.

나심 니콜라스 탈레브, 차익종 역, 『블랙 스완』, 동녘사이언스, 2008년.

노엄 촘스키 & 수전 조지 외 19인, 이종인 옮김, 『야만의 주식회사 G8을 말하다』, 시대의 창, 2006년.

로버트 위더머 외, 『애프터 쇼크』, 쌤앤파커스, 2011년.

민주노총, 『1996 사업보고·자료모음』, 1997년.

민주노총, 『활동보고서』, 각 연도.

브루스 피아세키, 안진환·박슬라 옮김, 『세계주식회사』, 비즈니스맵, 2007년.

신현규, 『한국의 헤지펀드 스토리: 투자시장의 새로운 블랙오션』, 한스미디어, 2009년.

쑹홍빙, 차혜정 역, 『화폐전쟁』, 랜덤하우스코리아, 2008년.

이찬근, 『한국경제가 사라진다』, 21세기북스, 2004년.

이해영, 『낯선 식민지, 한미 FTA』, 메이데이, 2006년.

존 R. 탈보드, 『오바마노믹스: 오바마 정부하의 세계경제 전망』, 위즈덤하우스, 2008년.

츠츠미 미카, 고정아 옮김, 『르포 빈곤대국 아메리카』, 문학수첩,

2008년.

허영구, 「투기자본이 판치는 세상, 공정무역이 위태롭다!」, 『생협평론』창간호, 2010년 겨울.

허영구, 「동아시아 허브국가의 환상 : 한·EU FTA」, 『노동전선 주간정세동향』 제64호, 2011년 4월.

허영구, 「자유무역협정(FTA)과 투쟁과제」, 민주노총 자유게시판, 2011년 6월 16일.

한미FTA저지범국민운동본부, 『한미FTA 국민보고서』, 그린비, 2006년.

Jeff Faux, *The Global Class War*, John Wiley & Sons, Inc., 2006.

허영구

(전) 전국전문기술노동조합연맹(전문노련) 2대 위원장
(전) 전국업종회의 집행위원장
(전) 전국노조대표자회의(전노대) 집행위원장
(전) 민주노총(준) 집행위원장
(전) 민주노총 1~5기 (수석)부위원장
(전) 의료보험통합추진위원회 집행위원장
(전) 한미FTA저지범국민운동본부 공동집행위원장
(전) G20대응민중행동 공동운영위원장
(전) 투기자본감시센터 공동대표
(전) 새로운 노동자정당 추진위원회(새노추) 상임대표
(현) 미·일제국주의의 아시아 침략과 지배에 반대하는 아시아 공동행동
   (AWC) 공동대표
(현) 좌파노동자회 상임대표

저서
『그래, 우리 노동자요!』, 시민방송(주), 2003년.
『법정노동시간 단축이 임금 및 고용구조에 미치는 영향 분석』, 중앙대학교,
2003년.
『진보정치를 위하여』, 삶이 보이는 창, 2004년.
『노동의 불복종』, 삶이 보이는 창, 2004년.
『자본의 세계화와 신자유주의에 맞선 기록들』, 삶이 보이는 창, 2011년.

새로운 시대의 총연맹, 좌파노총

지은이 | 허영구
펴낸곳 | 박종철출판사
주소 | 서울 마포구 성산로2길 29 6층(성산동)
전화 | 02-332-7635(영업), 02-332-7629(편집), 02-332-7634(팩스)
등록번호 | 제12-406(1990. 7. 12.)

제1판 1쇄 | 2012년 9월 3일
제1판 2쇄 | 2012년 9월 8일

ISBN 978-89-85022-60-6 03300
5,000원